Weil eine Welt mit Geschichten eine
bessere Welt ist.

Heinz-Dieter Brandt

17 mal rund um Berlin

Life is a story

schreib's auf
story.one

1. Auflage 2021
© Heinz-Dieter Brandt

Herstellung, Gestaltung und Konzeption:
Verlag story.one publishing - www.story.one
Eine Marke der Storylution GmbH

Gesetzt aus Crimson Text und Lato.
© Fotos: unsplash, privat

Printed in the European Union.

ISBN: 978-3-99087-529-2

Meinem Freund Rainer - als Erinnerung
an seine Geburtsstadt

INHALT

Streifzüge

Das Konzert ist vorbei, der Abend noch freundlich, ich streife durch die Stadt. Vom Scharoun-Bau der Philharmonie zum Potsdamer Platz, durch das Sony Center, Gaststätte an Gaststätte, plaudernde Touristen in warmer Frühlingsluft. Das Bier hier ist teuer und plörrerich, der Berliner Charme fehlt: Der einstige Mittelpunkt Europas ist heute in der Hand quirliger Touristen.

Mit der U-Bahn in ein anderes Stadtzentrum. Wie viel Zentren hat diese Stadt? Menschen hasten vorbei, suchen den richtigen Bahnsteig, Teenager fragen mich nach Zügen zum Alex. Die U-Bahn läuft fast geräuschlos ein – erst durch die Ansage bemerke ich sie. Ich drücke mich in einen der Waggons, rieche die Masse Mensch, deren geballte Schweiß- und Parfümmischung – natürlich, unappetitlich. Wenige Stationen: Gleisdreieck, 1908 das erste schwere Eisenbahnunglück – Wittenbergplatz, Ausstieg zum KaDeWe – keine Geisterbahnhöfe wie zu DDR-Zeiten – dann Bahnhof Zoo.

Die Bahn spuckt mich auf einen lärmenden Bahnsteig. Der Zugtunnel verschluckt die Geräusche der abfahrenden Bahn, schiebt warme Luftströme auf die Menschen. Irgendwo schnarcht ein Schläfer. Ich steige die Treppen hoch, vorbei an Jugendlichen und deren süßlichen Kiffergeruch, ein Akkordeonspieler übt russische Melodien, lauthals schreit betrunken einer seinen Frust über die Regierung raus. Großstadtlärm dringt mir entgegen: Autos, Wortfetzen, Geschrei.

Hinter dem Bahnhof Kioske: Obststände von Türken, Zigaretten von Vietnamesen, Bücher, Zeitschriften. Läden, die rings-um-die Uhr alles verkaufen. Das quietschende Geräusch abfahrender S-Hoch-Bahnen dringt bis zum Kranzler-Eck. Wie ich dort die Torten vermisse.

Auf dem Ku-Damm. Kaum weniger attraktiv nach der Maueröffnung: Tausende Touristen und nicht wenige Berliner bummeln bis spät in die Nacht. Begierig sauge ich die Stadtluft ein, die Betriebsamkeit, schaue in Schaufenster. Weltfirmen: je teurer ihre Waren, umso spärlicher ihre Auslagen. Wer hier einkauft, muss an Sicherheitskräften vorbei, deren Röntgenblicke bis auf die Kreditkarten reichen.

Windstöße aus Gitterschächten erinnern mich an U-Bahn-Linien unter mir, muffige Luft steigt nach oben. Am Adenauerplatz wechsele ich die Straßenseite. Im Cafe Grosz – Ku-Damm 193 - mit seinem wunderschönen Ambiente genieße ich, wohl letztmalig, einen Kaffee.

Ich wechsele in die Konstanzer Straße. Häuser der Gründerzeit mit automatischem Nachtlicht und Videokameras wechseln mit kleinen Lokalen, die mit humaneren Preisen um Kundschaft buhlen. Ab und zu der grelle Herzchen-Schein einer Erotikbar. In Eingängen Lager aus Pappe und Zeitungen – man ist früh „zu Bett" gegangen. Viel Schlaf ist in dieser Stadt nicht möglich. Midnightrunners überholen mich.

Am Preußenpark biege ich in die Pommersche Straße. Umrunde den Park bis zum Fehrbelliner Platz.

Dann höre ich sie aus den Wipfeln, kenne ihren Gesang aus meinem Garten.

Hier in der Großstadt!?

Eine Nachtigall.

Das Geheimnis der Linsensuppe

Zwei Ansagen gab es immer beim Essen: „Es wird gegessen, was auf den Tisch kommt!" (Spinat?-Ja! Aber nie Hasenpfeffer, hätte Katze sein können.) und „Aufessen, dann scheint morgen die Sonne!" Ich bin also mitverantwortlich für die Klimakatastrophe: Hätte nicht alles aufessen dürfen! Erfuhr aber vom Großvater Unterstützung: „Man muss nicht immer alles aufessen! Das würde sogar die Demokratie retten!"

Und er erzählte: Als er 1918 aus dem Kaukasus verwundet zurückkam, sah sein geliebtes Kaiserreich ziemlich desolat aus. Dank Ludendorff war das schon vorher desolat, wollte niemand, nicht mal der im Kopf etwas verwirrte Kaiser wahrhaben. Mein Opa fragte sich, wie das weitergehen soll – er hatte als Kaisertreuer eine Abneigung gegen die Sozis, aber noch mehr gegen die Kommunisten. Und von beiden Gruppen gab es in Deutschland mehr als genug. Nur die Zahl auf den Banknoten zur Zeit der Inflation war höher als die der Parteien auf den Wahlzetteln.

Großvater war nicht glücklich mit dem kaiserlichen Verschwinden, zumal er selbst Tischler war und dem am linken Arm schwerbehinderten trotzdem holzhackenden Wilhelm II gerne ein paar Tipps gegeben hätte. Aber der verschwand nach Holland, pflegte dort sein Hobby: eben Holzhacken.

Beim anderen Hobby: „Marineschiffezeichnen" war ihm seit dem Skagerrak die Lust vergangen. „Was nun?", fragte sich Großvater. Ebert wollte verhandeln, was mit Deutschland geschehen sollte, hatte ein Team und tat, was Politiker in solchen Situationen besonders gerne tun: Beraten.

Währenddessen saß ein anderer – Philipp Scheidemann – beim Mittagstisch im Reichstagsgebäude und ließ sich eine karge Linsensuppe schmecken. Da platzte die Bombe (sprichwörtlich): Karl Liebknecht wollte eine Räterepublik ausrufen, am Alexanderplatz, nach sowjetischem Vorbild.

„Wir sollen eine Sowjetrepublik werden?", fragte Großvater besorgt und schüttelte sich später noch. Demokratie ging meinem Opa gegen den Strich, aber Russenrepublik noch viel mehr!

Also stürmte er mit anderen in den Reichstag, rief Philipp zu, er solle sofort ans Fenster kommen, Liebknecht sei schon auf dem Weg zum Alex.

Aber da war noch die Linsensuppe (die bekanntlich in der Geschichte schon einmal eine nicht unwesentliche Rolle gespielt hat). Scheidemann sprang auf, stürzte ans nächste Fenster, verkündete lauthals die Republik. Alles jubelte. Nur Ebert war sauer, der wollte für Deutschland etwas mehr Monarchisches – wie in England.

Und noch einer jubelte nicht: Karl Liebknecht, der stand zwei Stunden später, zwar satt aber allein, am Alex und rief seine Sowjetrepublik aus. War aber kaum einer da, weil alle vor dem Reichstagsgebäude jubelten. Und zweimal eine Republik ausrufen, das ging schon früher nicht. Leuchtete dem Liebknecht dann auch ein, und damit verabschiedete er sich umgehend von dem Spruch, dass erst das Fressen komme und dann die Moral!

Es kann schon von Vorteil sein, auf das Auslöffeln seiner Suppe mal zu verzichten.

Finow

Zwei Dinge vermisst der Berliner: trotz vieler Seen … das Meer – trotz der Trümmerberge … richtige Berge.

Den zweiten Wunsch erfüllt er sich mit einer Zweitwohnung im 250 km entfernten Harz. Für den ersten Wunsch braucht er eine Verbindung zur Ostsee.

Die dazu notwendige Verbindung zwischen den Flüssen Havel und Oder war der erste Finowkanal. Kurfürst Joachim Friedrich ließ 1603 die Havel bei Liebenwalde über das Flüsschen Finow mit der Oder verbinden. Schon 1609 war der erste Abschnitt mit fünf Schleusen bis Finowfurt fertiggestellt. Danach ging der Bau wegen Geldmangels nur schleppend voran. Schließlich konnte 1620 der erste Frachtkahn den Kanal befahren.

Im 30-jährigen Krieg verwahrloste der Kanal, geriet in Vergessenheit und wurde erst durch Friedrich II. als zweiter Finowkanal wiederhergestellt. 1746 wurde er für den Verkehr freigegeben, später in östliche Richtung erweitert und mit mehreren Kanalstufen versehen. Metallverarbeitende und chemische Industrie siedelten sich an („Märkische Wuppertal") und sorgten für wirtschaftlichen Aufschwung. Aufgrund stärkeren Verkehrsaufkommens wurden Nachtschleusungen und schließlich der Bau paralleler, größerer Schleusen notwendig.

Damit genau zwei Schiffe in die Schleusen passten, mussten die Schiffe genormt sein. Das Finowmaß wurde zum ersten deutschen Binnenschiffmaß.

Der Finowkanal ist damit die älteste künstliche Wasserstraße in Deutschland, die noch in Betrieb ist: 43km lang meistert sie einen Höhenunterschied von 38m. Der Kanal steht unter Denkmalschutz ebenso wie die älteste noch betriebsfähige Schleuse im Bereich der märkischen Wasserstraßen: Eberswalde (1831).

Mit dem neuen Oder-Havel-Kanal (1914) verlor der Finowkanal an Bedeutung. 1972 kam der kommerzielle Schiffsverkehr auf dem Finowkanal völlig zum Erliegen. Nur ein Abschnitt („Langer Trödel") bei Liebenwalde wurde 2016 wieder für den Bootsverkehr geöffnet.

Garn zur Papierfabrik, Eisenerze, Koks und Formsand zur Eisengießerei wurden über den Kanal verschifft und zu DDR Zeiten auch Kampfer und Tapetenkleister. Die Industrieabwässer wurden ungereinigt in den Kanal geleitet – oft stank er kilometerweit.

Am Ende des Oder-Havel-Kanals in Niederfinow, überwindet das älteste noch arbeitende deutsche Schiffshebewerk „Niederfinow" (1934) – heute ein Industriedenkmal – einen Höhenunterschied von 36m. Zurzeit wird parallel zum bisherigen Hebewerk das Schiffshebewerk „Niederfinow Nord" für größere Schiffe errichtet. Es soll ab 2025 das alte ersetzen.

Der Ausbau des Treidelweges von Finowfurt bis zum Schiffshebewerk Niederfinow zu einem Rad- und Wanderweg lässt den Finowkanal heute „touristisch erblühen".

Da in der Binnenschifffahrtstraßenordnung die Bergfahrt auf der Havel-Oder-Wasserstraße die Fahrt Richtung Oder ist, ergibt sich für das Schiffshebewerk Niederfinow die Besonderheit, dass man „zu Berg" fährt, während sich der Trog nach unten bewegt.

Wo Hänsel und Gretel mit dem Bauhaus kuscheln

Es sollte ein Gesamtkunstwerk werden.

Als die Bevölkerung von Berlin um 1900 von 2,5 auf 3 Mio. stieg, brauchte die drittgrößte Metropole Europas neue Bestattungsplätze. Der Synodalverband erwarb vor Berlin: Mühlenbeck, Ahrensfelde und Stahnsdorf. Während die beiden ersten sich kaum entwickeln konnten, wurde in Stahnsdorf ein 160 h großes Waldstück ausgewiesen.

Dieser vor Berlin liegende Friedhof sollte verkehrsgünstig erreichbar sein: Gleise wurden verlegt, ein Bahnhof gebaut.

Den Friedhof als eine Einheit aus Garten- und Friedhofskunst zu schaffen, gelang Louis Meyer – ein Schüler Lenné's. Er legte einen Ringweg an mit sich perlenschnurmäßig aufreihenden verschiedenen Blöcken, verbunden von untergeordneten Wegen mit aufwändigen Brunnenanlagen.

Großzügige Sichtachsen geben dem Besucher

Einblicke in die märkische Landschaft. Eine von ihm entworfene Holzkirche im norwegischen Stil fügt sich harmonisch in die Gestaltung ein. Als Waldfriedhof durften die Grabdenkmäler zwar nur einen natürlichen Charakter haben, dennoch wechselten bald künstlerische Denkmäler mit üppigen Grabanlagen, ganz im Stil der Zeit der ausgehenden Gründerjahre, in der das Bürgertum die kulturelle Führung übernahm.

1938: vier Friedhöfe im Inneren von Berlin mussten der Idee von Hitler und Speer weichen, Berlin zur Hauptstadt Germanias zu machen. Für die Umbettungen wurde Stahnsdorf ausersehen. Hunderte opulenter Grabanlagen und Mausoleen wurden abgebaut und in Stahnsdorf neu errichtet. Der eigentliche Waldcharakter drohte zu verschwinden.

Noch heute ist Stahnsdorf der zweitgrößte Friedhof in Deutschland, hat mehrere Gedenkfriedhöfe und gehört weltweit zu den zehntgrößten. Nur noch zur Hälfte bewirtschaftet, wächst über dem Rest Kiefernwald.

Ich bin kein Friedhofsgänger, werde noch lange genug dort liegen – aber Stahnsdorf ist etwas Besonderes. Dort liegen die berühmten Persönlichkeiten aus Politik: Breitscheid, Richthofen – Wirtschaft: Siemens – Kultur: Langenscheidt, Hanussen, Krebs (der nachweislich 60 (!) Sprachen akzentfrei sprach und einer chinesischen Prinzessin vergessenes „Alt-Mandarin" lehrte, damit sie standesgemäß heiraten konnte) – Musik: Zille, Humperdinck (Oper Hänsel und Gretel) – Kunst: Gropius (Bauhaus), Corinth. Mit einem Audifon an den Gräbern vorbeigeführt, erfährt man bemerkenswerte Einblicke in ihr Denken über Kunst, Kultur und Geschichte, taucht ein in die Vergangenheit voriger Jahrhunderte.

Beeindruckend sind die künstlerischen „Einmalbauten" der vielen Grab-Denkmäler, die den Geist der damaligen Zeit widerspiegeln.

Als meine Großmutter 1945 dort beerdigt wurde, wirkte eine Bank in der Nähe schon zerbrechlich. Unscheinbar unter Kiefern versteckt, hat sie nur von Tod und Leid gehört – nie den Treueschwüren verliebter Paare lauschen dürfen. Wie eine in die Jahre gekommene Dame, die viele Erinnerungen bewahrt, ist sie mein persönliches Kunstdenkmal.

Elstal

Es ist eine Ehre, wenn einem Land die Olympischen Spielen zugesprochen werden – aber auch eine Kostenfalle. 1916 waren die Olympischen Spiele an Berlin vergeben worden, wurden wegen des 1. Weltkrieges abgesagt. Deutschland wurde als „offizieller Kriegsverursacher" aus der olympischen Gemeinschaft ausgeschlossen.

1930 kandidierte Berlin erneut, gewann die Stichwahl gegen Barcelona, sollte dann wegen der Juden-Diskriminierung boykottiert werden. Die USA u.a. hatten Zweifel an der Einhaltung der „Olympischen Charta". Wie sollte ein Regime, das den Krieg vorbereitete, friedliche Sportler respektieren? Die Reichsregierung garantierte schließlich die Forderung der USA nach Chancengleichheit unabhängig von Konfession und Rasse, setzte dies in der Praxis aber nie um, denn „Juden fehle die moralische Qualität".

Eine geplante Gegenolympiade in Barcelona wurde wegen des spanischen Bürgerkrieges abgebrochen. Der damalige Präsident, Avery Brundage, übernahm die Terminologie der Olympiagegner, wollte aber teilnehmen, um die Überlegenheit des freiheitlichen amerikanischen Systems zu zeigen. Er setzte sich durch, sorgte jedoch dafür, dass eine „vorzeigbare" Mannschaft antrat – ohne jüdische Sportler. Für das Finale der 4-mal-100-m-Staffel der Männer ließ er zwei jüdische Sprinter ersetzen.

49 Nationen, 3961 Athleten, der erste olympische Fackellauf und erstmalig der Einsatz des Fernsehens machten die Spiele rekordverdächtig.

Nun musste ein olympisches Dorf her:

Anfang des 20. Jahrhunderts wurde der größte Rangierbahnhof von Deutschland „Wustermark" 18 km vor Berlin angelegt. Dabei entstand die Eisenbahnersiedlung Elstal – später Gemeinde Elstal – an deren Grenze das Olympisches Dorf erbaut wurde.

Das „Dorf des Friedens" – später die "schönste Kaserne der Welt" – war Bestandteil der verdeckten NS-Aufrüstung. Hier wohnten die männlichen Athleten. Die rund 330 weiblichen Teilnehmer waren neben dem Olympiastadion untergebracht.

Zu dem Komplex gehörten Wohnbauten, Speisehaus, Sport- und Schwimmhalle, sowie Ärzte- und Krankenhaus. Mitten im Dorf lag ein Thing-Platz. Jedes Haus im Dorf war nach einer deutschen Stadt benannt. Die Anordnung der Gebäude entsprach der Deutschlandkarte. Als eine britische Zeitung bemängelte, dass dem Idyll Störche fehlten, wurden die Vögel vom Zoo zum Dorfteich gebracht. Täglich mussten die Athleten an einem Relief vorbei: marschierende Soldaten mit Stahlhelm und geschultertem Gewehr.

Der Komplex wurde von der Gestapo bewacht. Die zensierte die Post und berichtete über „Rassenschande" Berliner Prostituierten mit afroamerikanischen Athleten. Fürstner, Kommandant des Quartieres, galt nach der Naziideologie als „Vierteljude", wurde 1936 abberufen und beging nach Ende der Spiele Selbstmord.

Zur DDR-Zeit nutzte die sowjetische Armee das Dorf als Trainingszentrum für ihre Leistungssportler. Das Olympische Dorf steht unter Denkmalschutz.

Gleis 17 - Im Grunewald war nicht nur Holzauktion

„Im Grunewald, im Grunewald ist Holzauktion, ist Holzauktion" – ein Berliner Gassenhauer als Volkstanz – Rheinländer – komponiert, der ab 1892 breite Resonanz erfuhr. Zunächst hatte das Lied keinen Text. Erst später kamen viele Strophen hinzu – immer unterbrochen von einem Refrain, der ins Ohr ging: „Links um die Ecke rum, rechts um die Ecke rum, überall ist große Holzauktion".

Der Grunewald ist ein Naherholungsgebiet in Berlin. Als Bismarck für Berlin eine Prachtstraße plante, entschied man sich, einen 1542 als Dammweg vom Berliner Stadtschloss zum Jagdschloss Grunewald angelegten Reitweg (für Kurfürst Joachim II) zu einer Straße umzubauen. Die ursprünglich geplante Breite von 25m ließ er durch Kabinettsorder auf 53m festlegen und nannte die Straße Kurfürstendamm.

Das war gleichzeitig der Startschuss zur Anlage der Villenkolonie „Grunewald", mit deren Ausbau 1890 am westlichen Ende des Kurfürstendamms (Ku-Damm) begonnen wurde. Knapp 250 h Wald wurden dafür gerodet und das Holz – auf Holzauktionen – zu niedrigen Preisen verkauft. So entstand die Siedlung „Grunewald" für reiche und betuchte Berliner, die in einer Villengegend wohnen konnten, gleichzeitig aber auch über den „Ku-Damm" mit der Innenstadt und den Geschäftszentren verbunden waren.

Schon 1873 beschloss das königliche Kabinett, die Gleisanlage des (heutigen) Bahnhofs Grunewald an die militärisch wichtige Wetzlarer Bahn, einem Teil der sogenannten „Kanonenbahn" anzuschließen. Der Bahnhof hieß zuerst „Hundekehle" (entsprechend einem Flurstück in der Nähe). Elf Jahre später wurde er in Bahnhof „Grunewald" umbenannt. Schließlich erhielt der Bahnhof 1899 ein repräsentatives Empfangsgebäude: Ein verputzter Ziegelbau aus Sandstein ähnelte einem Burgtor, über dem ein Flügelrad wie ein Wappen prangte.

Im Holocaust erlangte der Bahnhof seine grausige Berühmtheit. Am 18. Oktober 1941 begann die systematische Deportation der Juden aus Berlin. Der erste Deportationszug verließ den Bahnhof Grunewald mit 1013 Juden. Bis 1945 wurden aus Berlin über 50.000 Juden deportiert –

zunächst hauptsächlich nach Łódź, Riga und Warschau, später nur in die Vernichtungslagerr Auschwitz-Birkenau und Theresienstadt. Allein in die „Todesfabrik Auschwitz" fuhren vom Bahnhof Grunewald etwa 35 Züge mit 17.000 Juden ab.

Es war das Gleis 17, von dem die Deportationen abfuhren.

Die Rolle der Deutschen Reichsbahn im Holocaust blieb lange unbeachtet. Erst in den 80er und 90er Jahren wurden hier Mahnmale errichtet.

In Grunewald besteht das Mahnmal aus in den Bahnschotter eingelassenen 186 Stahlgussplatten, auf denen in chronologischer Reihenfolge Datum, Anzahl der deportierten Juden und deren Bestimmungsort vermerkt sind. Zum Bestandteil des Mahnmals gehört auch die Vegetation zwischen den Schienen: Symbol dafür, dass von diesem Gleis nie wieder ein Zug den Bahnhof verlassen wird.

Das Mahnmal „Gleis 17" wurde am 27. Januar 1998 eingeweiht.

Schlachthof Seelow

Über die B 1 von Berlin Richtung Küstrin erreicht man Seelow – ein beschauliches Städtchen am Rande des Oderbruchs. 1252 als Zelou gegründet, hat es keine nennenswerte Geschichte. Bekannte Bürger*innen sind: Werner Otto (Gründer des Otto Versandes) und Manuela Schwesig (Ministerpräsidentin von Mecklenburg-Vorpommern).

An den Hügeln vor Seelow traf vor 76 Jahren die sowjetische Armee am 16. April 1945 auf den Verteidigungsring um Berlin und es kam zu einer der größten Schlachten im 2. Weltkrieg.

Anfang 1945 hatten sowjetische Truppen Brückenköpfe am westlichen Oderufer gebildet. Für die „Berliner Operation" ließ Stalin drei Fronten an der Oder aufmarschieren – über 2,5 Mio. Soldaten und riesige Materialmengen. Den mittleren Frontabschnitt übertrug Stalin an Shukov. Er sollte Berlin vor den Amerikanern erreichen.

Ihm gegenüber stand Heinrici mit weit unter-

legenen Kräften - 120.000 Soldaten in gestaffel-
ten Verteidigungslinien. Er befestigte die Seelo-
wer Höhen – ließ das Westufer der Oder nur mit
wenigen Truppen verteidigen. Gleichzeitig ver-
sumpften seine Pioniere das Oderbruch. Die da-
hinter liegenden Verteidigungsgürtel reichten bis
an die Außenbezirke von Berlin – als letzte Linie
die „Wotan-Stellung".

Um 3.00 Uhr morgens am 16. April begann
das stärkste Trommelfeuer der Kriegsgeschichte.
Allein für die sowjetische Munition wurden 2450
Güterwagen benötigt.

„Ein ohrenbetäubender Lärm erfüllt die Luft.
Das ist gegenüber allem bisher Dagewesenen kein
Trommelfeuer mehr, das ist ein Orkan, der über
uns, vor und hinter uns alles zerreißt. ... Der Bo-
den wankt, bebt und schaukelt ... „, schrieb ein
Chronist über das Artilleriefeuer.

Es blieb relativ wirkungslos. Heinrici hatte
seine Truppen vor Angriffsbeginn in hintere
Stellungen verlegt. Der Artillerieschlag ging ins
Leere. Shukow tappte in eine Falle. Sein Plan, die
Höhen in drei Stunden zu nehmen, scheiterte.
Auch die Idee, den Feind mit Riesenscheinwer-
fern zu blenden, misslang: Das Licht ließ die Sil-

houetten der eigenen Panzer erkennen. Als Shukow auch noch erfuhr, dass sein Rivale im Süden auf die Spree zusteuerte, befahl er hektisch Angriff auf Angriff, warf schließlich so viel seiner Reserven in den Kampf, dass die sich gegenseitig behinderten. Zudem blieben seine Panzer im Odersumpf stecken. Nur langsam eroberte er eine deutsche Stellung nach der nächsten. Gegenüber Stalin übertrieb er seine Erfolge, hoffte so, nicht abgelöst oder erschossen zu werden. Falls er erfolglos war, würde ihm nicht einmal der Nimbus des Siegers von Stalingrad retten.

Es war kein SCHLACHTFELD – es wurde ein SCHLACHTHOF.

Einen Tag später gelang ihm der Durchbruch. Auf dem Weg nach Berlin standen nur noch aufgeriebene Einheiten der 9. Armee, unerfahrene Rekruten und Volkssturmkompanien, denen es an Treibstoff, Ausrüstung und Munition mangelte.

Sie zogen sich fluchtartig zurück, als Shukovs Panzer die Reichsstraße 1 erreichten.

Der Weg nach Berlin war offen.

Trümmer, Trümmer – soweit das Auge reicht

„Optimisten lernen Englisch – Pessimisten Russisch."

Der Weg nach Berlin war frei – die „Festung Berlin" eine Farce. Es gab kaum Truppen und Befestigungsanlagen. Evakuierung oder Rückzug nach Westen hatte Göbbels verboten. Die 2½ Mio. Menschen in Berlin standen Schlange vor den Lebensmittelgeschäften. Frauen übten Pistolenschießen, Männer bauten Barrikaden, Straßenbahnwagen wurden mit Trümmerschutt gefüllt, das Pflaster für Schützenlöcher aufgerissen. 80.000 Soldaten und 60 Panzer sollten Berlin verteidigen: „Bis zum letzten Mann" – ein Volksturm aus greisen Männern und Halbwüchsigen.

Kronika, Journalist aus Dänemark, schrieb: „Die Russenoffensive gegen Berlin ist im Gange. … Es ist besser, sie rollt, als dass man warten muss. Menschen grüßen statt „Heil Hitler" mit „Bleib übrig".

Berlin wurde in 8 Verteidigungsabschnitte

unterteilt. Im Inneren ("Zitadelle") waren Regierungsgebäude, Oberkommando des Heeres, Reichskanzlei und Reichstag. Hitler träumte noch von einer Kriegswende: „Sie werden sehen, die Russen erleiden vor den Toren von Berlin die größte Niederlage ihrer Geschichte" und befahl Steiner, Shukov vom Norden aus anzugreifen – nur hatte Steiner keine Armee mehr. General Weidling, der wegen eines Missverständnisses von Hitler zum Tode verurteilt war, wurde nach Aufhebung des Urteils zum Kampfkommandanten von Berlin. Er sollte die Übergabe sondieren – aber nicht kapitulieren. Und das Nazi-Regime reagierte weiterhin brutal. SS-Patrouillen durchkämmten die Straßen nach "Drückebergern" und „Deserteuren" und reagierten mit Standrecht.

Die Kommandeure verhielten sich widersprüchlich: Meinen Vater schickten sie nach Hause – zu seinem Gewehr passte nicht die italienische Munition. Im Hotel „Adlon" schenkten Kellner rationierten Wein aus: "Keine Flaschen für die Eroberer".

Am 25. April war die Stadt eingeschlossen. Schloss und Reichstag brannten, das Brandenburger Tor war zerschossen, die Innenstadt ein einziges Trümmerfeld. Im Süden wurden Soldaten in noch intakte Fahrzeuge verladen und zu den Amerikanern an die Elbe befördert. Ungefähr hunderttausend Soldaten und dreihunderttausend Flüchtlinge sind – z. T. durch die U-Bahn- und S-Bahntunnel – evakuiert worden.

„Viel Glück für euch alle", lautete ein letztes Telegramm – unbekannt aus Tokio.

Im Morgengrauen des 30. April erstürmten Shukovs Truppen die „Höhle der faschistischen Bestie" (Stalin). Trotz Hitlers Selbstmord bestand Stalin auf bedingungslose Kapitulation. Am 2. Mai 1945 kapitulierte Weidling: „Jede Stunde, die ihr weiterkämpft, verlängert die entsetzlichen Leiden!"

Der Krieg um Berlin kostete auf beiden Seiten 350.000 Tote und Verletzte, machte die Stadt zur Trümmerlandschaft.

Jodl unterzeichnete am 7. Mai in Reims die Gesamtkapitulation und wiederholte diese Zeremonie auf Wunsch von Shukov am 8. und 9. Mai in Berlin-Karlshorst. Das „Tausendjährige Reich" war nach zwölf Jahren Geschichte.

Der Sprung

Um 5 Uhr hörte sie das erste Geräusch. Eigentlich wollte sie ausschlafen – der Krach ließ das nicht zu – auch kein Schlummern. Und das am Sonntag! Sie hörte genauer: Motorengebrumm, Soldatenbefehle. Aus dem Westen? Ihr Haus stand an der Grenze zu Westberlin. Nein! Das kam von ihrer Straße, vor ihrem Haus!

So früh? Am Sonntag? Sie blickte aus dem Fenster. Schlaftrunken versuchte sie das Morgenlicht zu durchdringen: Betriebskampftruppen, Maurer, Stahlarbeiter, dazwischen Volkspolizei. Menschen diskutierten erregt, Grenzgänger wurden zurückgeschickt – mal freundlich, meist barsch.

Eilig rannte sie die Treppen des Miethauses hinunter. Zu spät. Der Hauseingang war schon zugemauert – ebenso die Fenster der Parterrewohnungen. Zurück an ihr Fenster blickte sie auf die Bernauerstraße, sah auf Gruppen brüllender, fluchender, weinender Menschen, sah Presse, Funk, Fernsehen.

Hatte Ulbricht nicht etwas versprochen?

Sie wusste nicht, dass die Entscheidung zum Mauerbau – von der sowjetischen Führung jahrelang verworfen – am 3. August gebilligt worden war. Glaubte Ulbrichts Aussage vom Juni 1961: „Niemand hat die Absicht, eine Mauer zu errichten".

Sie wusste auch nicht, dass die westlichen Alliierten und der BND schon im Juli informiert waren, nichts von Ulbrichts Informationen an die Warschauer Paktstaaten, von seinem Geheim-Treffen mit Ministern im Hotel am Döllnsee, währenddessen Honecker die "Operation Rose" leitete und Ostberlin abriegelte – mit sowjetischen Truppen.

Vergeblich wartete sie auf Äußerungen des Bundeskanzlers Adenauer (er meldete sich erst abends, kam erst neun Tage später), vergeblich auf Reaktionen der Westmächte (nach 20 Stunden eine Militärstreife, nach 72 Stunden ein diplomatischer Protest), hörte nur den – machtlosen – Protest des Regierenden Bürgermeister Brandt. Für die Alliierten und die DDR wurde der Status quo festgeschrieben.

Kennedy stand zur „freien Stadt" Berlin, reagierte zögerlich („Eine Mauer ist verdammt noch mal besser als ein Krieg"). Die historischen Worte von Kennedy zwei Jahre später („Ich bin ein Berliner") waren mehr entschuldigend. Macmillan fand nichts Gesetzeswidriges: „Die Ostdeutschen halten den Flüchtlingsstrom auf".

Sie hatte sich mit der eingeschränkten Freiheit zufriedengegeben. Konnte sie doch immer mal „ausreißen". Doch nun?

Erneut blickte sie senkrecht nach unten. Der Bürgersteig war schon Westberlin. Das sollte vorbei sein? Eingesperrt! War das zukünftig ihr Leben? Tränen brachen sich Bahn. Das Klopfen der Steine, das Wachsen der Mauern. Schier endgültig das „Aus"? Die Fenster im Erdgeschoss waren schon vermauert, nun der erste Stock. Eingemauert – Jahrzehnte – ein Leben lang? Sie stand am Fenster. Eine Chance! Vielleicht? Menschen würden sie auffangen.

„Ich will doch nur frei sein!" waren ihre letzten Gedanken, bevor sie in der Bernauer Straße aus dem dritten Stock des zum Teil vermauerten Mietshauses auf das Pflaster schlug.

Brennpunkt Döllnsee

Um einem Gewitter zu entfliehen, fand ich den „Döllnkrug" - 70 km nördlich von Berlin. Die Anreise über Zehdenick war für mich und mein Motorrad ein Ausflug in die deutsche Straßenbaugeschichte, aber man buhlte um Bikergäste.

Der Döllnkrug („dolan": wendisch = Wasserloch) liegt in der Schorfheide und ist ein prachtvoll anzusehendes Hotel, das inmitten einer weitläufigen Parkanlage am Döllnsee mit einem üppigen Boots- und Saunahaus steht. Das Innere wirkt wie eine Mischung aus Reichsparteitag, Plattenbau und Alpenfolklore, aber gediegen, gemütlich und – trotz vieler Hirschgeweihe – bodenständig. Auffällig sind die vielen Skulpturen vor dem Hotel und im Park: Hirsche, Widder, germanische Frauen und Männer.

Die Straße endet vor dem Hotel wie in einem James-Bond-Film – durch ein Parktor mit Wärterhäuschen gelange ich hinein. Schnell wird mir klar, dass nur eine vergangene höhere Macht dieses Hotelzentrum inmitten eines Waldes hat bauen können.

Nazis? Sozis? Beide! Feudal-diktatorisch!

Kaiser Wilhelm II baute die Schorfheide zum kaiserlichen Pirschrevier aus. Er ließ seine Untertanen im Ersten Weltkrieg hungern, um das Wild zu füttern. Hierher kamen sie zum Jagen, Verhandeln, Entspannen: die Mächtigen, die seit dem 12. Jahrhundert hier jagten: brandenburgische Fürsten, preußische Könige, deutsche Kaiser, Demokraten der Weimarer Republik, braune Machthaber des Dritten Reiches, rote der DDR. Wenn ich hier absteige, folge ich den Spuren von Göring, wohne vielleicht im gleichen Zimmer wie Honecker oder Breschnew, trinke vom selben Barhocker wie Franz-Josef Strauß.

Von hier steuerte Göring den nationalsozialistischen Terror. Hier verkündete Ulbricht den Mauerbau. Hier bahnte sich in Männerrunden an, was draußen beschlossen wurde. Hier ging Honecker mit Chruschtschow und Breschnew auf Jagd, wurde Bundeskanzler Helmut Schmidt empfangen, kam es 1981 zur Annäherung beider deutscher Staaten.

Ich umrunde den Döllnsee zu Fuß – finde

Carinhall.

Am Grab seiner ersten Frau, einer Schwedin, hielt Göring in Schweden eine Rede, worauf die Schweden protestierten. Für Göring war das Grabschändung. Er ließ seine Frau nach Carinhall umbetten. (Aus „Carin Göring" und „Walhall" wurde die „Himmelshalle Carinhall" [Wikinger-Mythologie], in die Odin tapfer-gefallene Krieger aufnimmt). Hier sammelte er seine geraubten Gemälde, Skulpturen, Modellbahnen und echten Löwen und baute seiner Tochter Edda ein eigenes Schloss. Hier verschwor er sich mit den Achsenmächten (Hitler, Mussolini, Japan) gegen die Welt. Das Hotel war das Gästehaus.

1943 brachte Göring Teile seiner Sammlung nach Berchtesgaden und Altaussee in der Steiermark. Den Rest versenkten die Russen im See, bevor sie Carinhall sprengten. Das Grab von Carin Göring machten sie unkenntlich. Die Natur holte sich Carinhall zurück.

Und tief im Wald finde ich einen Gedenkstein: „Hier erlegte Erich Honecker am 8.11.1989 seinen letzten Hirsch".

Durch das Tor in die Freiheit

Zwei Familien durchschritten 1991 untergehakt feierlich ein Tor, das sie bis dahin nur aus der Entfernung sahen.

Mit diesem Tor – ursprünglich eines von 18 – wurde der Klassizismus staatstragende Architektur in Preußen: das Brandenburger Tor in Berlin, Wahrzeichen und Symbol der Überwindung der Teilung Deutschlands und Europas.

Auf Anweisung des preußischen Königs Friedrich Wilhelm II. wurde es 1788–91 als Triumphtor gebaut, erinnerte bis zum 2. Weltkrieg an die Herrschaft Napoleons. Hier wurden in der Weimarer Republik Verfassungstage abgehalten, hier feierte die SA am 30. Januar 1933 mit einem Fackelzug die „Machtergreifung". Jahre später symbolisierte das Tor das Aufeinandertreffen von Warschauer Pakt und NATO.

Friedrich Wilhelm II. ließ es nach den Propyläen der Akropolis bauen. Er verglich sich mit Perikles (kluge Bündnispolitik, lange Friedenszeit, Vorherrschaft Athens), nachdem er 1787 eine Allianz zwischen Preußen, Niederlanden und Großbritannien herbeigeführt hatte. Das Tor sollte deshalb „Friedenstor" heißen.

Über zwei Säulenreihen mit je sechs dorischen Säulen wurde, um das Gewicht zu reduzieren, ein Holzgebälk errichtet. Dadurch entstand ein 250 qm großer Raum in der Attika: die Soldatenkammer, Gefangenenlager unter Napoleon. Später beobachtete von hier die Grenzpolizei Westberlin.

Darüber stand die Quadriga: auf einem Viergespann bringt die Siegesgöttin Viktoria Frieden in die Stadt. „Siegesgöttin", weil „Victoria als Legitimierung der eigenen Militäraktion und ... Bündnispolitik ... diente". Als Siegeszeichen wurde eine Stange mit Eichenkranz und Adler gefertigt, die Victoria mit fliegendem Gewand ausgestattet.

Im Tor zeigt ein Fries „den Streit der Centauren mit den Lapithen": Seit der Antike gilt die Parabel als Sieg der Zivilisation über die Barbarei. In den Durchgängen sieht man die Herkulessage, in Nischen der Außenwände Skulpturen von Mars und Minerva. Die Decken waren mit Malereien geschmückt.

Neben der Repräsentation hatte das Tor funktionale Aufgaben: Erhebung von Akquise sowie Wache über den Zutritt zur Stadt. Die Durchfahrten wurden nachts verschlossen.

Napoleon schickte 1806 nach seinem Durchzug durch das Brandenburger Tot die Quadriga nach Paris. Eine Schmach – u.a. sichtbar durch das wie ein Stachel verbliebene senkrechte Befestigungseisen. 1814 kam die Quadriga triumphal zurück. Der neue Eichenkranz mit Eisernen Kreuz erhielt die Jahreszahl 1813.

Im Zweiten Weltkriegs wurden Tor und Quadriga schwer beschädigt, weshalb 1956 beide Teile Berlins den Wiederaufbau beschlossen. Allerdings entfernte die DDR heimlich die „Embleme des preußisch-deutschen Militarismus": Preußenadler und Eisernes Kreuz.

1987 rief Präsident Ronald Reagan: „Mr. Gorbachov, open this gate!" Zwei Jahre später wurde das Brandenburger Tor unter Jubel geöffnet.

Im Inneren befindet sich ein Raum der Stille – Ort der Toleranz zwischen Nationalitäten und Religionen.

Aufbruch

Oktober 1989 - abends Halberstadt. Im Dunkel des Oktobernebels huschen Gestalten an mir vorbei – eilig wie zielbewusst auf dem Weg zur nächsten Kirche. Einzeln und in Gruppen. Alle scheinen es eilig zu haben. Der Dom von Halberstadt ist brechend voll. Keine Gesänge, aber Reden, Beschwörungen, Hilfe für nach Solidarität rufende. DDR und Kirche: nicht ungewöhnlich. Aber so viele? Sie sagen: „Bleibe im Lande und wehre dich täglich!"

9.11. 1989 - 18.53 Liebenburg. Ich muss zum Elternabend. Kurznachrichten: Ich reibe mir die Augen, schalte auf einen anderen Kanal. Schabowsky verkündet, offenbar versehentlich, offene Grenzen, ab SOFORT! Der Elternabend wird zur Farce, als ich es verkünde. Ungläubiges Staunen, Nachfragen, Freude, Jubel, wir liegen uns in den Armen.

9.11.1989 - 21.20 Berlin. Um den Druck der Massen zu mindern, können am Grenzübergang Bornholmer Straße die ersten DDR-Bürger ausreisen. Noch werden deren Pässe ungültig ge-

stempelt, was die Ausbürgerung für die ahnungs-
losen Inhaber bedeutet.

9.11.1989 - 23:30 Berlin. Der Ansturm der
Menschen ist zu groß: Der Schlagbaum geht end-
gültig hoch. 20.000 Menschen passieren ohne
Kontrolle die Bösebrücke.

9.11.1989 - 23.45 Berlin. Menschen besetzen
die Mauer. Klettern auf ihr rum, hacken Löcher
hinein. Ein Gebilde, das über Prag und Budapest
längst löcherig geworden war, fällt.

10.11.1989 - 19.00 Eckertal im Harz. Es gibt
kein Halten! Ich fahre 30 km nach Bad Harzburg
an die Ecker. Hier an der Grenze zur DDR trennt
uns nur ein Flüsschen. Keine Brücke! Hunderte
stehen auf beiden Seiten. Wir skandieren. Dane-
ben Volkspolizisten mit durchgeladenen Ka-
laschnikows. Sie scheuen, werden unsicher, ver-
stehen nicht, dass ihr System gerade am Zusam-
menbrechen ist.

10.11.1989 - 21.00 Eckertal. Aus einer Gaststätte werden Türen ausgehebelt und als Brücke
über die Ecker gelegt. Die Polizisten ziehen sich
zurück – einer hilft plötzlich beim Bau der Be-
helfsbrücke. Wir balancieren im Dunkeln über

diesen hölzernen Steg. Andere kommen uns entgegen. Polizisten rufen verzweifelt: „Nur bis Mitternacht!" Wir finden die nächste Kneipe.

Wiedervereinigungsstimmung!

15.11.1989 - Quedlinburg. „Wir sind das Volk! Wir sind ein Volk!" hallt es durch die Straßen. Die Grenze ist durchlässig – nein, ist verschwunden. Tausende drängen in gespenstischer November-Atmosphäre auf den Marktplatz. Ich stehe vor dem Rathaus. Stille! Es ist sehr still!

Wir alle sind ergriffen von dem Moment. Ich spüre ihre Sehnsucht. Ich soll reden. Vor Ergriffenheit verschlägt es mir zunächst die Sprache. Die Mauer war gefallen – aus dem gleichen Grund, aus dem sie errichtet wurde – um die Lebensfähigkeit der DDR zu erhalten.

Frühjahr 1990 - Sachsen Anhalt. Ich fahre wie besoffen vor Freude so lange über die vielen holperigen Straßen von Sachsen-Anhalt, bis mir am Volvo die Vorderachsen brechen – sehe die vielen maroden Gebäude von Osterwieck und Halberstadt. Doch ich genieße: Denn so riecht die FREIHEIT!

Turmhoch überlegen

Berliner wollen hoch hinaus: nicht nur mit ihrer Klappe. Sie sind stolz auf ihre Berge, wenn auch nur der Große Müggelberg – in der Eiszeit geformt – echt ist. Alle anderen Berge über 100 m sind aus Schutt – Trümmer aus dem 2. Weltkrieg. Reichten aber zum Schlittenfahren. Früher gab es viel Schnee.

Für den „einfachen Berliner Weiße trinkenden Berliner" sind 100 m zu wenig. Türme müssen her!

Der „Lange Lulatsch" – Funkturm und West-Berliner Symbol – wurde 1926 zur „Großen Deutschen Funk-Ausstellung" mit 147 m Höhe als kleine Variante des Pariser Eiffelturms errichtet.

Zum 100. Geburtstag erhielt Wilhelm I. ein Denkmal: der in gotisch gehaltene, 1899 eröffnete, 55 m hohe Grunewaldturm mit wundervoller Aussicht und schönem Biergarten. Hier gibt's die besten Bilder von Sonnenuntergängen, wie auch am Müggelturm (1880) in Köpenick. Der älteste

Turm ist der „Dicke Hermann" an der Belfort Straße – ein praller Rundbau und ehemaliger Wasserturm von 1877. Der ebenfalls aus Backstein 1888 gebaute Wasserturm in Kreuzberg wirkt mit seinen 50 Metern wie eine mittelalterliche Wehranlage.

Auf dem 120 m hohen Teufelsberg – einem Trümmerberg – hatte die US Army in den 1950er-Jahren eine Abhöranlage mit drei Radartürmen errichtet und den Osten belauscht – nun verlassen ist er ein beliebter Ort für Hipster-Touristen. Seit 1964 sendet ein 212 m hoher wenig schöner Turm auf dem Schäferberg Radio- und Fernsehsignale in die Umgebung.

Die Zwillingsturmhäuser von 1957 markieren die Blickachse in Richtung Alexanderplatz und gehören zu einem der „Arbeiterpaläste" in der Frankfurter- und der Karl-Marx-Allee. Mit dem markanten Einsteinturm in Potsdam sollten unweit anderer wissenschaftlicher Einrichtungen Strukturen von Raum, Zeit und Gravitation architektonisch zum Ausdruck kommen.

Statt berühmter Kirchtürme findet man nur einen markanten sechseckigen Glockenturm: Eine Betonkonstruktion mit blauen Glasbausteinen: „Eiermanns Kiste" ergänzte 1957 die im Krieg zerstörte Kaiser Wilhelm Gedächtniskirche ("Hohler Zahn"), die als Denkmalruine erhalten blieb. Auch bei größtem Sturm bewegt sich der auf einem Suppenschüsselprinzip errichtete Radarturm am Tempelhofer Feld keinen Millimeter. Er wird von der Luftwaffe betrieben – architektonisch ein Wunderwerk. Vier Hochhaustürme sollen ab 2023 den „Alex" „beglücken": Der erste – „Alexander" – wird mit 150 m das höchste Hochhaus.

Als bekanntestes Wahrzeichen mit verglaster Kugelform und drehbarem Restaurant gilt der Berliner Fernsehturm – mit 368 Metern das höchste Gebäude Deutschlands, früher mal das zweithöchste der Welt. Er gehört zu Berlin wie Currywurst und Döner. Mitte der 1960er-Jahre setzte die SED ein Zeichen mit dem Bau dieser aufsehenerregenden Konstruktion auf dem Alexanderplatz.

Allerdings war er den SED-Oberen bald ein Dorn im Auge: bei Sonnenuntergang leuchtet, bedingt durch die Kuppelverglasung, oben ein christliches Kreuz.

Das „Kreuz des Ostens".

Wo Bäume aus den Dächern wachsen

In 40 m Höhe beginnt der Pfad, führt zwischen Kiefern und Laubbäumen über das Gelände, endet nach 670 m und heißt „Baum und Zeit".

Was für ein Blick! Welch wunderbare Perspektive! Welch ein Unterschied zu vor 25 Jahren.

1995 … die Straße ist schlecht – ungeeignet für Motorradfahrer – desolat die Häuser, obwohl ihre Hülle trotz eingeschlagener Scheiben, ausgerissener Türen, beschmierter Fronten auf solide Bausubstanz schließen lässt. Bewundernswert die Ästhetik der Anlage. Neugierig befahre ich die Hinterhöfe. In den einst blühenden Parkanlagen liegen verstreut Möbel, Dreck, Unrat. Ein Blick durch die Fenster: Verlassene Operationssäle, Kranken- und Behandlungszimmer. Kurz nach der Wende bewege ich mich in gruseliger Vergangenheit.

In Beelitz.

Beelitz ist durch zwei Dinge berühmt: vorzüglicher Spargel, der hervorragend in märkischer Erde gedeiht und Heilstätten. Lange bevor die Klinik in diesen verwahrlosten Zustand geriet, war sie ein mustergültiger Betrieb. Als Tuberkuloseklinik wurde sie zwischen 1898 und 1930 von der LVA Berlin für Arbeiter im Berliner Umland gebaut. Sie wurde wegen der grassierenden Tuberkulose notwendig, die aufgrund katastrophaler hygienischer Zustände in den Berliner Mietskasernen außer Kontrolle zu geraten drohte. Jeder dritte Todesfall ging auf Tuberkulose zurück. So entstand ein – heute denkmalgeschütztes - 1200 Betten umfassendes Ensemble von 60 Gebäuden auf 200 Hektar mit eigenem Wasserwerk, Post, Kirche, Gärten für Obst und Gemüse und einer „Klimaanlage" (!), die Luft aus dem Wald in die Krankenzimmer blies.

Im 1. Weltkrieg wurde Beelitz Lazarett. Über 17.500 Soldaten, u.a. Adolf Hitler, wurden hier versorgt. Zur DDR-Zeit war es das größte russische Militärhospital außerhalb der Sowjetunion, auch Erich Honecker wurde hier behandelt.

Seit 1994 lag der Großteil des Geländes brach.

Beklemmend wirken die Heilstätten nicht nur

wegen des Verfalls. Manch einer glaubt, Unheimliches zu vernehmen. Besucher berichten von Schritten in den Gängen, wie von Geisterhand sich öffnende Türen, sogar von Schreien aus dem Chirurgie-Gebäude.

Nicht selten finden illegale Partys, Geister-Séancen, satanische Messen statt. Gespenstisch auch, weil gruselige Dinge geschehen sind: Ein Serienmörder („Bestie von Beelitz") ermordete 5 Menschen, u.a. die Frau eines Chefarztes und deren Baby. Ein Polizist und Hobby-Fotograf erwürgte sein Fotomodell. Ein 25-Jähriger stürzte zu Tode.

Nach Jahren des Grusel-Tourismus erhalten die Heilstätten nun ein besseres Image. Die Gebäudehülle des Heizhauses wird saniert, Ein- und Mehrfamilienhäuser werden errichtet, ebenso Ärztehaus, Café und Supermarkt. Künstler erhalten ein „Creative Village".

Über den Baumkronenpfad wird das Gelände touristisch erschlossen. Können die Beelitz-Heilstätten ihre düstere Vergangenheit abstreifen?

Noch immer verabreden sich Fans von „Lost Places" zu nächtlichen Besuchen der Heilstätten.

Wie eine Schneefräse zum Denkmal wurde

Ein Sieg ist für Sieger wie Besiegte oft eine Erlösung. Der Sieger erscheint als Held in den Geschichtsbüchern: Da die vergänglich sind, braucht es Denkmäler und „Gedenk"friedhöfe zur Erinnerung.

Besonders bei sowjetischen Ehrenmäler sollen Trauerpathos und heroische Gesten die Gemüter bewegen. Diese Mahnmale gehören zu Deutschland – erzählen sie doch auch deutsche Geschichte. Die Bundesrepublik hat durch Selbstverpflichtung deren Pflege bewusst übernommen.

Wer bis zur Wende Berlin über die Autobahn anfuhr, rauschte kurz vor Dreilinden an einem alten Panzer T 34 vorbei:

Im Mai 1945 versuchten 5 bis 8 Panzer nahe der Potsdamer Chaussee nach Norden durchzubrechen. Einer dieser Panzer wurde im Oktober 1945 als Panzerdenkmal über der Grabstätte für dort angeblich gefallene Soldaten errichtet. Da dieses sowjetische Denkmal im amerikanischen

Sektor ständig Beschädigungen ausgesetzt war, wurde es von US-Militärs bewacht. Für die Sowjets war es wichtiger, das größere Ehrenmal im Tiergarten, im britischer Sektor, zu bewachen

Die Amerikaner umzäunten „ihr" Monument zur Absicherung mit einem Metallkäfig. Es blieb dennoch für sie ein Ärgernis. Sie wollten schließlich dessen Verlegung in die sowjetische Zone. "Wegen der Gefallenen darunter" stimmten die sowjetischen Behörden zunächst nicht zu, lenkten im Zuge der Erneuerung des Checkpoints Bravo (Dreilinden, sowjetischen Sektor) ein und setzten dort einen Panzer vom Typ T-34 auf den Sockel, weil kein ursprünglicher IS-2 mehr verfügbar war.

1969 musste das Denkmal erneut für die neue Autobahnführung durch die Berliner Mauer versetzt werden. Die Kanone des T-34 richtete sich nun „stolz" provozierend und bedrohlich auf West-Berlin.

Nach dem Fall der Mauer wurden Panzer und Sockel beschmiert, das Panzerrohr nach hinten gedreht und zeigte wegen der Schräglage des Sockels nach unten. Eine Kränkung für das russische Militär – „wie das prachtvolle Ding so schlaff da hing". Schließlich nahmen die Sowjets den Panzer bei ihrem Abzug mit – nun bedeutungslos verwaiste der Sockel.

An der Autobahnabfahrt Drewitz rostete seit langem eine ausrangierte Schneefräse. Der Aktionskünstler Haisch sah in dem Technikschrott eine „bizarre Form, die in gleicher Weise ein Hingucker war wie der Panzer" – nur weniger aggressiv. Er „klaute" die Fräse (nannte es ‚künstlerischen Mundraub') und setzte sie – pinkfarben angestrichen – auf den Panzersockel. Niemand störte das Verschwinden der Fräse, niemand hinderte Haisch, das „Ding" zu installieren. Schließlich hatte er sich mit Papieren zum eventuellen Vorzeigen ausgestattet: Einem russischen Text mit Pseudostempeln – der Text war eine Abhandlung über Bienenzucht.

Märkische Denkmalpfleger sahen in der rosa Schneefräse eine Anknüpfung an „international bedeutende Aktionen ähnlicher Art" wie die rosa Bemalung eines sowjetischen Panzers auf dem Prager Wenzelsplatz.

Sie stellten das Ensemble unter Denkmalschutz.

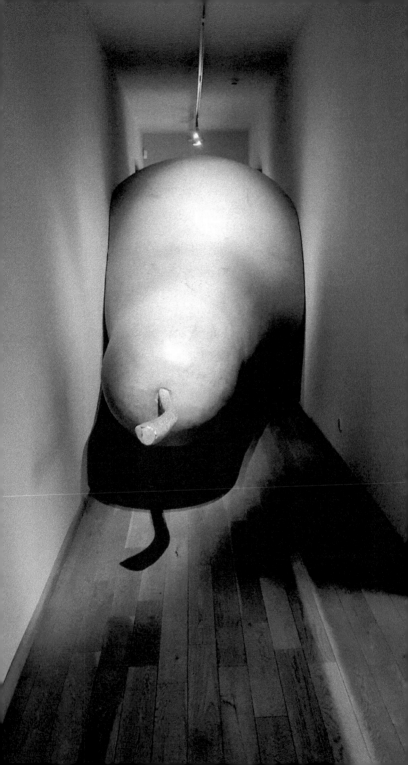

Lütt Dirn, kumm man röwer, ick hebb' ne Birn

Wie gerne erinnere ich mich an meine Grundschulzeit. Früh wurden wir mit Heimatdichtern, u.a. Theodor Fontane, bekannt gemacht. Seine berühmten „Wanderungen durch die Mark Brandenburg" faszinierten Generationen – ebenso seine Werke "Efie Briest", „Irrungen und Wirrungen", "Stechlin" uvm. Als Schüler mussten wir aber sein Gedicht über Herrn Ribbeck und dessen Birnbaum lernen.

"Herr von Ribbeck auf Ribbeck im Havelland – ein Birnbaum in seinem Garten stand ... und kam in Pantinen ein Junge daher, so rief er »Junge, wiste 'ne Beer?« ... Und kam ein Mädel, so rief er: »Lütt Dirn, kumm man röwer, ick hebb'-ne Birn.«

Das Vorbild für diese Figur war wohl Hans Georg von Ribbeck (1689–1759), der für seine Kinderfreundlichkeit bekannt war.

50 km nordwestlich von Berlin, an der B5, liegt das ehemalige Lehnsgut Ribbeck – heute ein

liebenswertes Dorf. Graf Albrecht hatte 1134 die Nordmark erobert und wurde vom Kaiser Lothar III. in den Stand eines „Markgrafen von Brandenburg" erhoben. Er rief Siedler in sein Land, gab den Adligen Ländereien als Lehen und verpflichtete sie, das Land zu kultivieren, Kriegsdienste zu leisten und für die Verbreitung des christlichen Glaubens zu sorgen. Zu den „Eingewanderten" gehörten Mitglieder einer Familie "von Ribbeck" – aus dem Westen des Reiches.

Der erste Heinricus de Ritbeke war 1237 Domherr und Priester: „Hujus autem rei testes sunt: Heinricus de Ritbeke plebanus de sancto Godehardo". Seit 1485 gibt es eine Generationenfolge, aus der sich eine ost- und eine westhavelländisch Linie entwickelte. Die Ribbecks waren Landwirte, erweiterten ihre Besitzungen, hatten auch Beamte, Offiziere, Geistliche und Gelehrte in ihren Reihen.

Während der nationalsozialistischen Herrschaft verhielten sie sich unterschiedlich. Der osthavelländisch Hans Georg war NSDAP-Mitglied, später Regierungsdirektor in der Bundesrepublik. Hans Georg Karl Anton (westhavelländisch) gehörte zwar nicht dem Widerstand an, wurde 1944 als „Feind des Volkes" verhaftet und verstarb 1945 im KZ Sachsenhausen. Der letzte Gutsbesitzer von Ribbeck war Hans Georg Friedrich-Karl. 1945 wurde das Gut in Ostdeutschland aufgeteilt (Bodenreform). Die Ribbecks wurden ausgewiesen, zogen über Berlin nach Westdeutschland, wurden nach dem Ende der DDR-Zeit aber entschädigt.

Nun vereinten sich die Linien. Dietrich von Ribbeck kaufte einen Vierseithof, Friedrich-Carl den alten Kutschpferdestall und die ehemalige Brennerei. Beide setzten die 777-jährige Familientradition fort.

Ihr renoviertes denkmalgeschütztes Schloss mit Hotel, Restaurant und einer sehenswerten (z.T. birnenförmig angeordneten) Fontane-Ausstellung ist ein Tourismuszentrum. Aus der ehemaligen Schule wurde ein Museum mit einem niedlichen Cafe. Da gibt es Torten, Liköre und Schnaps. Natürlich … aus Birnen.

Und die Birnenbäume gibt es auch heute noch in Ribbeck, denn …

"Segen spendet noch immer die Hand – des von Ribbeck auf Ribbeck im Havelland".

Kein Abschied für immer

Berlin 8. Mai 45! Kapitulation. Hitlers Wunderwaffe blieb in irgendwelchen Kellern.

Meine Mutter fragte: „Alles vorbei?" Als mein Vater das bejahte, stellte sie trocken fest: „Wie sieht det denn hier aus?" Berlin zu zweidrittel zerstört, die Schönheit der Stadt weggeblasen. Sogar die Berliner Luft roch anders! Berliner Hausfrauen putzten zwar Berlin blank, aber Not, Hunger, Elend, Ausgebombtsein blieben. Der Winter 1946/47 war der kälteste seit Jahrzehnten. Die Lebensmittelversorgung brach zusammen. Tausende Menschen starben an Hunger oder Kälte.

Mein Vater konnte wegen seiner technisch-wissenschaftlichen Ausbildung im Elektrizitätswerk im Osten arbeiten (AEG) – wenn auch zeitlich nur begrenzt, weil Ulbricht meinte, wer in Ostberlin arbeite, müsse auch dort wohnen. Mit Kommunisten hatten meine Eltern aber nichts im Sinn. Der Aufstand vom Juni 1953 bestätigte ihre Befürchtungen.

Kündigung, arbeitslos – wie hunderttausende,

die ihre Wohnung in Westberlin nicht aufgeben wollten. Er brachte sich und seine Familie mit Gelegenheitsarbeiten durch, verlegte Gasleitungen, überwachte Gasrohre und -beleuchtungen – für einen studierten Mann der Elektrotechnik keine ausfüllende Tätigkeit.

Zwei Jahre später erneut arbeitslos! Arbeit zu finden in einer Stadt, die von ihrem Hinterland abgeschnitten war, wurde zusehends schwieriger. Dennoch konnte er seine elektrotechnischen Kenntnisse in einer Maschinenbaufirma begrenzt einsetzen.

Marshallplan und die Währungsreform 1948 sorgten für Stabilität und waren Grundlage für eine neue Wirtschaftsordnung unter sozialen Aspekten: Basis für den Wohlstand breiter Bevölkerungsschichten. Doch 1952 kam es erneut zu einer Rezession mit vielen Arbeitslosen. Mein Vater musste Arbeit in Westdeutschland suchen und fand sie in Salzgitter.

Das hieß: Berlin verlassen. Ich sollte Berlin verlassen! Mich trennen von meinem Freund Micha, mit dem ich heimlich Zigaretten geraucht hatte, der liebgewonnenen Straße, dem kleinen Garten, vom Nordgraben mit seinen Fröschen und vom Steinberg-Rodelpark, vom Spielen in zerfallenen Bunkern und meiner ersten Liebe, Monika, die sich beim Kartoffelfeuer festgenagelt hatte. Weg vom Wäldchen, der Tischlerwerkstatt meines Großvaters, den Eckkneipen mit Oma Bulette.

Fort aus einer ruinenübersäten Stadt, in der wir Kinder streunten, uns irgendwie zurechtfanden – von Berliner Bussen, auf die man während der Fahrt auf- und abspringen konnte, den ruckelnden U- und quietschenden S-Bahnen mit ihren müffigen Bahnhofsgerüchen, von Spree, Wannsee, Lübars und meinem ersten (Humboldt)-Gymnasium.

Landete in einem kleinbürgerlichen Kaff, das gerade seine Fachwerkarchitektur mühsam richtete.

Was blieb? Eine tiefe Sehnsucht, die mich immer wieder Jahr für Jahr überfällt, nach dieser Stadt – die mich zu sich einlädt, in ihren Bann zwingt, ihre Luft in meine Lungen spült.

Um immer wieder Erinnerungen breiten Raum zu geben.

Heinz-Dieter Brandt

Geboren 1944 in Berlin (West) und dort aufgewachsen. Später umgezogen nach Wolfenbüttel, lebe ich nun im Vorharz. Nach dem Pädagogikstudium habe ich bis zur Pensionierung eine Schule geleitet. Ich bin verheiratet, habe zwei Töchter und eine bezaubernde Enkelin. Zu meinen Hobbys gehören das Kabarettspiel, Astrophysik, Kochen und das Schreiben von Kurzgeschichten. In den Kurzgeschichten schreibe ich meine Erlebnisse – mal humorvoll, mal ernst - aus verschiedenen Lebenssituationen nieder. Sie alle mögen einem kurzen „Lese-Zwischenschmaus" in einem gestressten Alltag dienen.

Alle Storys von Heinz-Dieter Brandt zu finden auf www.story.one

schreib's auf
story.one

Viele Menschen haben einen großen Traum: zumindest einmal in ihrem Leben ein Buch zu veröffentlichen. Bisher konnten sich nur wenige Auserwählte diesen Traum erfüllen. Gerade einmal 1 Million publizierte Autoren gibt es derzeit auf der Welt - das sind 0,013% der Weltbevölkerung.

Wie publiziert man ein eigenes story.one Buch?

Alles, was benötigt wird, ist ein (kostenloser) Account auf story.one. Ein Buch besteht aus zumindest 15 Geschichten, die auf story.one veröffentlicht werden. Diese lassen sich anschließend mit ein paar Mausklicks zu einem Buch anordnen, das sodann bestellt werden kann. Jedes Buch erhält eine individuelle ISBN, über die es weltweit bestellbar ist.

Auch in dir steckt ein Buch.

Lass es uns gemeinsam rausholen. Jede lange Reise beginnt mit dem ersten Schritt - und jedes Buch mit der ersten Story.

#livetotell

Lightning Source UK Ltd.
Milton Keynes UK
UKHW021944140621
385519UK00002B/561

9 783990 875292